二四〇	？	魏《ぎ》の使者《ししゃ》から金印《きんいん》をうけとる
二四三	？	ふたたび魏《ぎ》につかいをおくり、みつぎものをする
二四七	？	魏《ぎ》の帯方郡《たいほうぐん》につかいをおくり、狗奴国《くなこく》との戦《たたか》いについて知《し》らせる 倭《わ》の使者《ししゃ》が魏《ぎ》より黄幢《おうどう》（魏《ぎ》の軍旗《ぐんき》）をあたえられる
二四八前後	？	なくなる。直径《ちょっけい》一〇〇歩《ぶ》の塚《つか》に、めしつかい一〇〇人《にん》あまりとともに埋葬《まいそう》される 卑弥呼《ひみこ》の親族《しんぞく》の壱与《いよ》が邪馬台国《やまたいこく》の女王《じょおう》となる 壱与《いよ》が魏《ぎ》につかいをおくる
二六六		壱与《いよ》が晋《しん》につかいをおくる

この本《ほん》について

『よんで しらべて 時代《じだい》がわかる ミネルヴァ日本《にほん》歴史人物伝《れきしじんぶつでん》』シリーズは、日本《にほん》の歴史上《れきしじょう》のおもな人物《じんぶつ》をとりあげています。

前半《ぜんはん》は史実《しじつ》をもとにした物語《ものがたり》になっています。有名《ゆうめい》なエピソードを中心《ちゅうしん》に、その人物《じんぶつ》の人生《じんせい》や人《ひと》がらなどを楽《たの》しく知《し》ることができます。

後半《こうはん》は解説《かいせつ》になっていて、人物《じんぶつ》だけでなく、その人物《じんぶつ》が生《い》きた時代《じだい》のことも紹介《しょうかい》しています。物語《ものがたり》をよんだあとに解説《かいせつ》をよめば、より深《ふか》く日本《にほん》の歴史《れきし》を知《し》ることができます。

歴史《れきし》は少《すこ》しにがてという人《ひと》でも、絵本《えほん》をよんで楽《たの》しく学《まな》ぶことができます。歴史《れきし》に興味《きょうみ》がある人《ひと》は、解説《かいせつ》をよむことで、さらに歴史《れきし》にくわしくなれます。

■ 解説《かいせつ》ページの見《み》かた

人物《じんぶつ》についてくわしく解説《かいせつ》するページと時代《じだい》について解説《かいせつ》するページがあります。

文中《ぶんちゅう》の青《あお》い文字《もじ》は、31ページの「用語解説《ようごかいせつ》」で解説《かいせつ》しています。

写真《しゃしん》や地図《ちず》など理解《りかい》を深《ふか》める資料《しりょう》をたくさんのせています。

「もっと知《し》りたい!」では、その人物《じんぶつ》にかかわる博物館《はくぶつかん》や場所《ばしょ》、本《ほん》などを紹介《しょうかい》しています。

「豆《まめ》ちしき」では、人物《じんぶつ》のエピソードや時代《じだい》にかんする基礎知識《きそちしき》などを紹介《しょうかい》しています。

よんでしらべて時代がわかる
ミネルヴァ　日本歴史人物伝

邪馬台国をおさめた女王
卑弥呼《ひみこ》

監修　山岸 良二
文　西本 鶏介
絵　宮嶋 友美

もくじ

邪馬台国《やまたいこく》の女王《じょおう》卑弥呼《ひみこ》……2
卑弥呼《ひみこ》ってどんな人《ひと》？……22
卑弥呼《ひみこ》が生《い》きた弥生時代《やよいじだい》……26
もっと知《し》りたい！　卑弥呼《ひみこ》……30
さくいん・用語解説《ようごかいせつ》……31

ミネルヴァ書房

邪《や》馬《ま》台《たい》国《こく》の女《じょ》王《おう》卑《ひ》弥《み》呼《こ》

いまから千八百年《ねん》ほどもむかし、わが国《くに》が中国《ちゅうごく》から倭《わ》の国《くに》とよばれていたころ、日本《にほん》には百あまりの小《ちい》さな国《くに》がありました。中国《ちゅうごく》から稲《いね》のつくり方《かた》がつたわり、それまで山《やま》や海《うみ》のそばでくらしていた人《ひと》たちが平地《へいち》に集《あつ》まってくらしていました。

そんな国《くに》のひとつ、邪馬台国《やまたいこく》は気候《きこう》にめぐまれ、米《こめ》のたくさんとれる国《くに》でした。しかし、米《こめ》づくりがさかんになるにつれ、米《こめ》のうばいあいや水争《みずあらそ》いがもとで、国《くに》どうしのいくさがおきるようになりました。

「いくさのない世《よ》の中《なか》をつくるためには、巫《み》女《こ》が必要《ひつよう》である。巫女《みこ》は神《かみ》さまのことばをつたえることができる。その神《かみ》さまのことばをまもれば、つまらぬ争《あらそ》いはなくなるはずだ。なんとしても、すぐれた巫女《みこ》をさがしださねばならぬ。」

邪馬台国《やまたいこく》の王《おう》さまがいいました。巫女《みこ》というのは神《かみ》さまにおつかえして自然現象《しぜんげんしょう》を予知《よち》したり、うらないやおまじないをする女性《じょせい》のことです。

そのころの人《ひと》たちは、自然《しぜん》のあらゆるところに神《かみ》さまがいると信《しん》じ、神《かみ》さまの意志《いし》にしたがってくらすことを心《こころ》がけていました。

邪馬台国《やまたいこく》のある村《むら》に卑弥呼《ひみこ》という少女《しょうじょ》がいました。獲物《えもの》のいるところを教《おし》えたり、大《おお》雨《あめ》がくることを知《し》らせたりするふしぎな力《ちから》をもっていました。ゆくえしれずになった子《こ》どものいる場所《ばしょ》をさがしあてることもあり、村《むら》の人《ひと》たちはだれもが卑弥呼《ひみこ》を小《ちい》さなうらない師《し》とよんでいました。その話《はなし》をきいた王《おう》さまは、すぐに卑弥呼《ひみこ》をよんで、

「邪馬台国《やまたいこく》の巫女《みこ》になれ。」

と、命令《めいれい》しました。

巫女《みこ》になる修行《しゅぎょう》がはじまりました。はげしく滝《たき》に打《う》たれたり、真冬《まふゆ》の川《かわ》で身《み》をきよめたりしながら、神《かみ》さまの声《こえ》がきける心《こころ》をそだてました。少《すこ》しでも修行《しゅぎょう》をなまけると、長老《ちょうろう》のげんこつがとんできました。きびしい修行《しゅぎょう》のおかげで、卑弥呼《ひみこ》は日《ひ》に日《ひ》にふしぎな力《ちから》をもつようになり、神《かみ》さまの声《こえ》をきき、予言《よげん》するまでに成長《せいちょう》していきました。

卑弥呼《ひみこ》のおかげで、邪馬台国《やまたいこく》はさかえ、国《くに》と国《くに》との争《あらそ》いもなくなっていきました。

ところが、邪馬台国《やまたいこく》の王《おう》さまがなくなると、ふたたび国《くに》どうしのいくさがはじまり、それまで邪馬台国《やまたいこく》にしたがっていた国《くに》も、ばらばらになりました。いくさがつづけば、たくさんの人《ひと》が死《し》に、米《こめ》づくりもできません。このままでは、どこの国《くに》もほろんでしまいます。そこで、国《くに》ぐにの王《おう》さまが集《あつ》まって話《はな》しあい、国《くに》をひとつにして、王《おう》さまの代表《だいひょう》をえらぶことにしました。

「新《あたら》しい王《おう》さまは、すぐれた予言能力《よげんのうりょく》をもつ卑弥呼《ひみこ》しかいない。」

「そうだ。神《かみ》さまの声《こえ》がきこえる卑弥呼《ひみこ》を女《じょ》王《おう》にすれば、だれも文句《もんく》があるまい。」

話《はな》しあいの結果《けっか》、邪馬台国《やまたいこく》を中心《ちゅうしん》にした新《あたら》しい国《くに》の王《おう》さまとして卑弥呼《ひみこ》がえらばれました。このとき、卑弥呼《ひみこ》は、まだ十二、三さいの少女《しょうじょ》だったといいます。

王《おう》さまたちの前《まえ》に卑弥呼《ひみこ》がよびだされました。

「卑弥呼《ひみこ》、新《あたら》しい邪馬台国《やまたいこく》の女王《じょおう》になってもらいたい。ただし、おまえが女王《じょおう》にふさわしいかどうか、巫女《みこ》としての力《ちから》をみんながなっとくしてからだ。」

いちばん年上《としうえ》の王《おう》さまがいいました。

「わかりました。ではさっそく神《かみ》さまのことばをおつたえしましょう。『つぎの満月《まんげつ》の夜《よる》、広場《ひろば》に人《ひと》をあつめよ。月《つき》をかくしてみせよう』。」

卑弥呼《ひみこ》はきっぱりといいました。

「なに、神《かみ》さまが月《つき》をかくすだと？」

「いくら巫女《みこ》でも、そんなこと予言《よげん》できるわけがない。」

王《おう》さまたちが口《くち》ぐちにいいました。

満月《まんげつ》の夜《よる》、広場《ひろば》には大《おお》ぜいの人《ひと》がつめかけました。卑弥呼《ひみこ》の力《ちから》がいよいよためされるのです。もし、失敗《しっぱい》したら女王《じょおう》どころか巫女《みこ》の地位《ちい》からも追放《ついほう》されてしまいます。広場《ひろば》のまんなかにある台《だい》の上《うえ》にたった卑弥呼《ひみこ》は、こうこうとかがやく満月《まんげつ》にむかってしずかに手《て》をあわせました。

すると、どうでしょう。月《つき》はゆっくりと欠《か》けはじめ、どんどん黒《くろ》くなっていき、やがてすがたを消《け》し、あたりがまっくらになりました。いまでいう皆既月食《かいきげっしょく》がはじまったのです。

見物人《けんぶつにん》たちはきもをひやしました。もう、この世《よ》の終《お》わりと思《おも》い、だれもが頭《あたま》をかかえました。

「神《かみ》さま、どうかお助《たす》けください。」

と、手《て》をあわせるものもいます。

すると、卑弥呼《ひみこ》がさけびました。

「心配《しんぱい》するでない。しばらくまてば月《つき》はあらわれよう。」

みんながおそるおそる顔《かお》をあげると、月《つき》は少《すこ》しずつすがたを見《み》せ、やがて元《もと》どおりの満《まん》月《げつ》になりました。どっとかん声《せい》がわきあがり、

「卑弥呼《ひみこ》さま……、女王《じょおう》さま……。」

とよびかける声《こえ》が広場《ひろば》にあふれました。

（なにごとも神《かみ》さまのことばにしたがい、いくさのない平和《へいわ》の国《くに》にしていきたい。）

卑弥呼《ひみこ》ははればれとした気持《きも》ちで、もう一《いち》度《ど》月《つき》をながめました。もう卑弥呼《ひみこ》の能力《のうりょく》をうたがうものはいませんでした。

女王《じょおう》のためのりっぱな建物《たてもの》がつくられ、千人《せんにん》もの女《おんな》のめしつかいにかこまれた卑弥《ひみ》呼《こ》はつぎつぎと神《かみ》さまのおつげをつたえ、平和《へいわ》になるおまじないをして、三十あまりの国《くに》をおさめました。

卑弥呼《ひみこ》が女王《じょおう》になってから倭《わ》の国《くに》は何《なん》十年間《ねんかん》も平和《へいわ》がつづきました。もう二度《にど》といくさがおこらないよう卑弥呼《ひみこ》は結婚《けっこん》もせず、ひたすら神《かみ》さまにつかえました。

卑弥呼《ひみこ》が五十さいになったころ、邪馬台国《やまたいこく》のとなりにあって卑弥弓呼《ひみくこ》という男《おとこ》の王《おう》さまがおさめる狗奴国《くなこく》がだんだん力《ちから》をもつようになりました。心配《しんぱい》した卑弥呼《ひみこ》が神《かみ》さまにきいてみると、「中国《ちゅうごく》の魏《ぎ》という国《くに》となかよくするように」というおつげがありました。

そこで魏《ぎ》の国《くに》へ使者《ししゃ》をおくり、みつぎものをわたして、「どうか邪馬台国《やまたいこく》の力《ちから》になってほしい」と、たのみました。魏《ぎ》の皇帝《こうてい》はこころよく引《ひ》きうけ、卑弥呼《ひみこ》に「親魏倭王《しんぎわおう》」という名《な》と、それをきざんだ金印《きんいん》をおくりました。

これで、倭《わ》の国《くに》の代表《だいひょう》が邪馬台国《やまたいこく》であることを中国一強《ちゅうごくいちつよ》い魏《ぎ》の国《くに》の皇帝《こうてい》にみとめてもらったのとおなじです。

「わたしたちの国《くに》には強《つよ》い味方《みかた》がいるからだいじょうぶ。」

邪馬台国《やまたいこく》の人《ひと》たちは安心《あんしん》しました。

しかし、狗奴国《くなこく》の卑弥弓呼《ひみくこ》はそんなことにおかまいなく兵力《へいりょく》をたくわえ、邪馬台国《やまたいこく》にせめいる機会《きかい》をうかがっていました。

「なにが倭《わ》の国《くに》の代表《だいひょう》なものか。女王《じょおう》のおさめる国《くに》なんて、いっきにほろぼしてやる。」

卑弥呼《ひみこ》が金印《きんいん》をもらってから二年後《ねんご》、卑弥呼《ひみこ》が大軍《たいぐん》をひきいて邪馬台国《やまたいこく》へせめこんできました。またいくさがはじまったのです。邪馬台国《やまたいこく》の人《ひと》たちは力《ちから》をあわせて戦《たたか》いました。敵《てき》の攻撃《こうげき》をふせぐため、かりとったばかりの稲《いね》を木《き》の棚《たな》にかけ、そのあいだから矢《や》をはなちました。それでも敵《てき》はあとからあとからおしよせてきます。神《かみ》だなの前《まえ》にすわって卑弥呼《ひみこ》は必死《ひっし》にお祈《いの》りをしました。

しかし、お祈《いの》りが終《お》わっても、味方《みかた》の軍《ぐん》からとどけられる知《し》らせは、家《いえ》を焼《や》かれ、たくさんの人《ひと》が殺《ころ》されたという、かなしいものばかりでした。いくさのために力《ちから》をたくわえてきた狗奴国《くなこく》の兵士《へいし》はとても強《つよ》くて、邪馬台国《やまたいこく》の兵士《へいし》はまるで歯《は》がたちません。

こうなれば魏《ぎ》の国《くに》の皇帝《こうてい》に助《たす》けてもらうしかありません。卑弥呼《ひみこ》はふたたびつかいをおくり、自分《じぶん》の国《くに》の苦境《くきょう》をうったえました。

「よし、わかった。いくさをやめさせるようつかいをつかわそう。」

皇帝《こうてい》はくらいの高《たか》い役人《やくにん》に国書《こくしょ》（国《くに》の代表《だいひょう》者《しゃ》の手紙《てがみ》）をもたせて倭《わ》の国《くに》へ行《い》かせました。国書《こくしょ》には「両国《りょうこく》とも、いくさをやめよ。狗奴《くな》国《こく》はすばやく自分《じぶん》の国《くに》へ引《ひ》きあげるように」と、かいてありました。

でも、魏《ぎ》の国《くに》のつかいが倭《わ》の国《くに》へ着《つ》いたとき、邪馬台国《やまたいこく》は狗奴国《くなこく》とのいくさにやぶれたあとでした。そして、このいくさのさいちゅうに卑弥呼《ひみこ》もなくなってしまいました。生《い》きのこった邪馬台国《やまたいこく》の人《ひと》たちは、焼《や》けおちた建《たて》物《もの》のあとに大《おお》きな塚《つか》をつくり、卑弥呼《ひみこ》をほうむりました。女王《じょおう》につかえていためしつかいたちも生《い》きたまま塚《つか》のまわりへうめられ、そのあとを追《お》いました。このころは身分《みぶん》の高《たか》い人《ひと》がなくなると、おそばにいたものもいっしょに死《し》ぬならわしがあったのです。

卑弥呼《ひみこ》がなくなったあと、卑弥弓呼《ひみくこ》はさっさと狗奴国《くなこく》へ引《ひ》きあげていきました。魏《ぎ》の国《くに》の国書《こくしょ》を見《み》て、いうことをきかずにいれば魏《ぎ》の国《くに》の皇帝《こうてい》をおこらせてしまうかもしれないと考《かんが》えたからです。

邪馬台国《やまたいこく》では卑弥呼《ひみこ》の弟《おとうと》である弟彦《おとひこ》が、

「姉《あね》の卑弥呼《ひみこ》がなくなれば、弟《おとうと》のわたしが王《おう》さまになるのがあたりまえだ。」

といって、多《おお》くの反対《はんたい》をおしきり、みずから王《おう》さまになりました。

「とんでもない。いくら卑弥呼《ひみこ》の弟《おとうと》でも神《かみ》さまの声《こえ》もきけぬものを王《おう》さまにできない。」

おこった王《おう》さまたちは、つぎつぎと邪馬台《やまたい》国《こく》からはなれていき、ふたたび味方《みかた》どうしだった国《くに》と国《くに》とのいくさがはじまりました。

たまりかねた魏《ぎ》の国《くに》のつかいは、卑弥呼《ひみこ》につかえていた王《おう》さまたちを集《あつ》め、

「王《おう》さまは、やっぱり卑弥呼《ひみこ》のような女王《じょおう》がいい。」

と、いいました。そこで卑弥呼《ひみこ》にかわいがられ、巫女《みこ》の修行《しゅぎょう》をしていた壱与《いよ》という十三さいの少女《しょうじょ》を王《おう》さまにえらびました。こうして邪馬台国《やまたいこく》は元《もと》どおり女王《じょおう》の国《くに》になり、それから十五、六年《ねん》は平和《へいわ》な時代《じだい》がつづきました。

と、いうのもそのころに壱与《いよ》が中国《ちゅうごく》につかいをおくっているからで、それが邪馬台国《やまたいこく》についての最後《さいご》の記録《きろく》といわれています。邪馬《やま》台国《たいこく》や卑弥呼《ひみこ》のことは中国《ちゅうごく》の歴史書《れきししょ》『三国《さんごく》志《し》』のなかの「魏志倭人伝《ぎしわじんでん》」にかかれていますが、邪馬台国《やまたいこく》があった場所《ばしょ》や卑弥呼《ひみこ》が死《し》んだ年《とし》などくわしいことは不明《ふめい》です。

卑弥呼《ひみこ》って どんな人《ひと》？

邪馬台国《やまたいこく》の女王《じょおう》・卑弥呼《ひみこ》とは、どのような人物《じんぶつ》だったのでしょうか。

卑弥呼《ひみこ》が登場《とうじょう》する「魏志倭人伝《ぎしわじんでん》」

卑弥呼《ひみこ》について知《し》る手《て》がかりは、中《ちゅう》国《ごく》の書物《しょもつ》にあります。**陳寿《ちんじゅ》**という人《ひと》がかいた歴史書《れきししょ》**『三国志《さんごくし》』**のなかに、卑《ひ》弥呼《みこ》が登場《とうじょう》するのです。

三世紀《せいき》ごろ、中国《ちゅうごく》は魏《ぎ》・呉《ご》・蜀《しょく》という三つの国《くに》にわかれていました。この時代《じだい》を三国時代《さんごくじだい》といいます。その歴史《れきし》を記録《きろく》した『三国志《さんごくし》』のうち、魏《ぎ》についてかかれた部分《ぶぶん》の一《いち》部《ぶ》には、倭《わ》の国《くに》（日本《にほん》）のことがかかれています。この部分《ぶぶん》は日本《にほん》で一《いっ》般的《ぱんてき》に**「魏志倭人《ぎしわじん》伝《でん》」**とよばれており、そこには卑弥《ひみ》呼《こ》や邪馬台国《やまたいこく》、当《とう》時《じ》の日本《にほん》のくらしについての記述《きじゅつ》があるのです。「魏《ぎ》志倭人伝《しわじんでん》」は、日《に》本《ほん》の国《くに》がかたちづくられるようすを知《し》るための貴重《きちょう》な記録《きろく》といえます。

3世紀《せいき》の東《ひがし》アジア

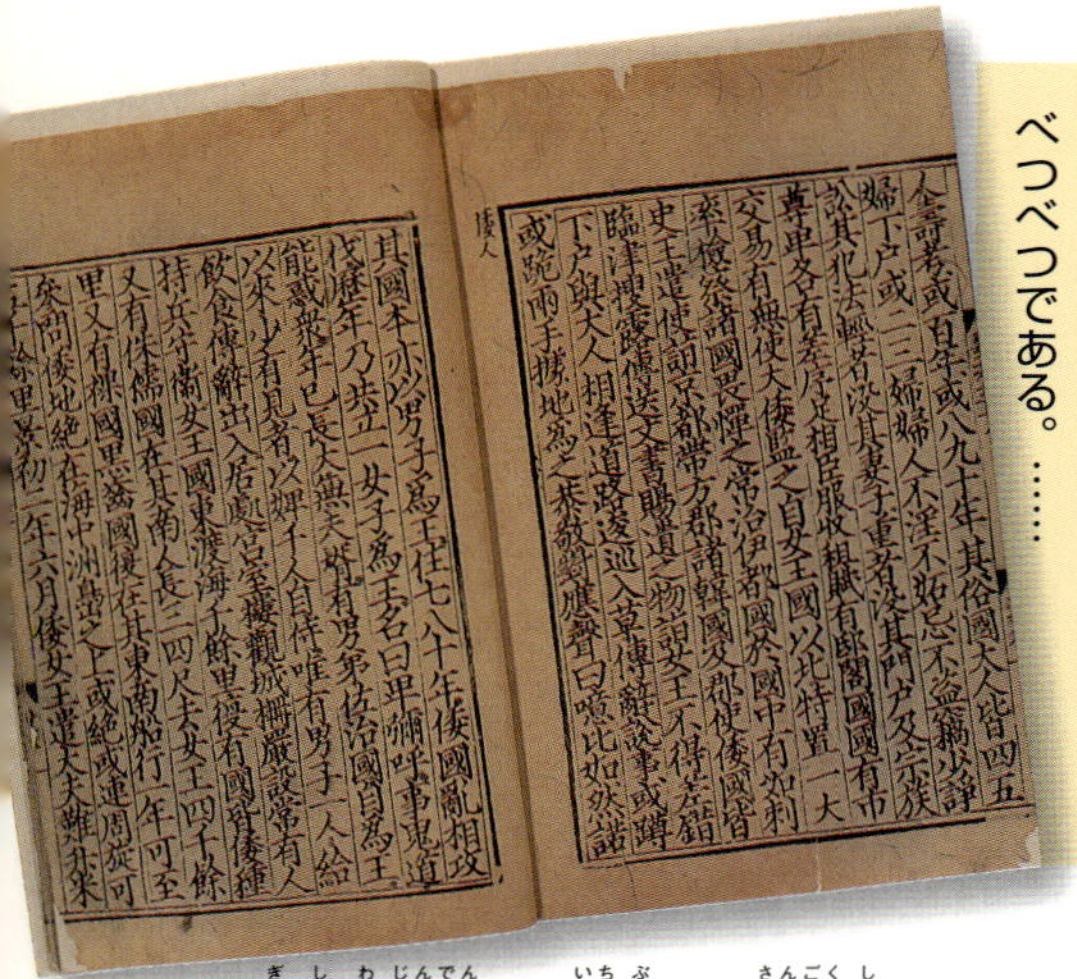

「魏志倭人伝《ぎしわじんでん》」の一部《いちぶ》（『三国志《さんごくし》』より）。
「倭国《わこく》」「卑弥呼《ひみこ》」の文字《もじ》が見《み》える。（宮内庁書陵部所蔵《くないちょうしょりょうぶしょぞう》）

「魏志倭人伝《ぎしわじんでん》」にかかれた当時《とうじ》の日本《にほん》（抜粋《ばっすい》）

倭《わ》の風俗《ふうぞく》はきちんとしている。男子《だんし》はみな冠《かんむり》をかぶらず、木綿《もめん》を頭《あたま》にまき、服《ふく》は横《よこ》に広《ひろ》い布《ぬの》を結《むす》びあわせただけで、ぬうことはない。婦人《ふじん》は髪《かみ》をまげてたばねている。服《ふく》はひとえのようで、まんなかに穴《あな》をあけて頭《あたま》をとおして着《き》る。（中略《ちゅうりゃく》）倭《わ》の地《ち》は温暖《おんだん》で、冬《ふゆ》も夏《なつ》も生野菜《なまやさい》を食《た》べる。みなはだしで生活《せいかつ》する。家屋《かおく》があるが、父母《ふぼ》きょうだいがねるところはべつべつである。……

（生年不明《せいねんふめい》～248年前後《ねんぜんご》）

卑弥呼《ひみこ》をえがいた日本画《にほんが》。
（「卑弥呼《ひみこ》」安田靫彦画《やすだゆきひこが》　1968年《ねん》
滋賀県立近代美術館所蔵《しがけんりつきんだいびじゅつかんしょぞう》）

女王卑弥呼《じょおうひみこ》の誕生《たんじょう》

当時《とうじ》の日本《にほん》には一〇〇あまりの国《くに》があり、おたがいに争《あらそ》っていました。邪馬台国《やまたいこく》はそのなかのひとつだといわれています。「魏志倭人伝《ぎしわじんでん》」によると、邪馬台国《やまたいこく》は多《おお》くの小国《しょうこく》を支配《しはい》している大《おお》きな国《くに》だったようです。邪馬台国《やまたいこく》は、もともと男《おとこ》の王《おう》が国《くに》をおさめていましたが、王《おう》の死後《しご》に国《くに》がみだれ、戦《たたか》いが長《なが》くつづきました。そこで、邪馬台国《やまたいこく》を平和《へいわ》な国《くに》にするために、卑弥呼《ひみこ》が女王《じょおう》にえらばれて、戦《たたか》いをしずめたのです。卑弥呼《ひみこ》は、神《かみ》のおつげをきく巫女《みこ》で、天候《てんこう》の変化《へんか》や自然《しぜん》の動《うご》きにくわしく、うらないやまじないについての高《たか》い能力《のうりょく》をもっていました。嵐《あらし》がおこればはやくすぎさるように神《かみ》に祈《いの》り、戦《たたか》いがおこれば味方《みかた》が勝《か》つように神《かみ》に祈《いの》るなど、神《かみ》をまつり、その声《こえ》を人びとにつたえることが卑弥呼《ひみこ》の役目《やくめ》でした。

豆《まめ》ちしき

弥生時代《やよいじだい》のうらない

「魏《ぎ》志倭人伝《しわじんでん》」には、「倭《わ》の人《ひと》たちは、なにかにつけてよくうらないをする」とかかれています。その方法《ほうほう》のひとつに「太占《ふとまに》」といわれるものがあります。これは、シカの骨《ほね》やイノシシの骨《ほね》を焼《や》いて、そのときにできるさけ目《め》を見《み》て、吉凶《きっきょう》をうらなうものです。卑弥呼《ひみこ》はこのようなうらないの方法《ほうほう》をいろいろ身《み》につけていたといわれています。また、いけにえとして神《かみ》にささげられたと考《かんが》えられるイノシシやサル、シカなどの骨《ほね》も見《み》つかっています。

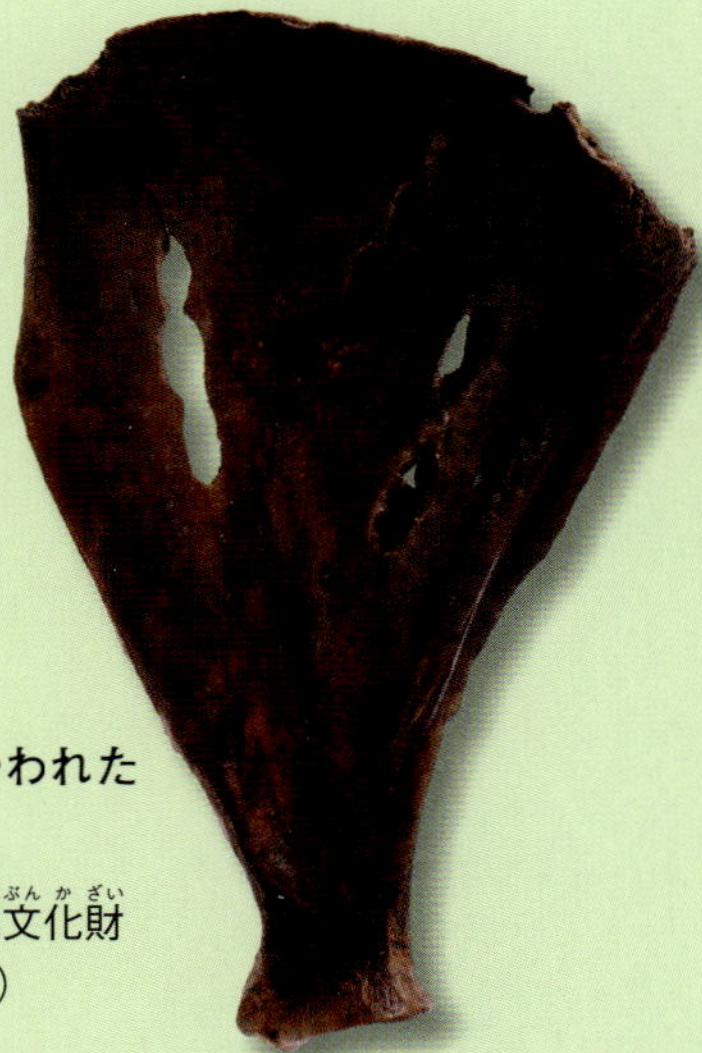

太占《ふとまに》につかわれたシカの骨《ほね》。
（鳥取県埋蔵文化財《とっとりけんまいぞうぶんかざい》センター所蔵《しょぞう》）

卑弥呼《ひみこ》のくらし

「魏志倭人伝《ぎしわじんでん》」にかかれている卑弥呼《ひみこ》は、「鬼道《きどう》（うらないやまじない）の名人《めいじん》で、人《ひと》びとをおどろかせていた」人物《じんぶつ》でした。また、年《とし》はとっているけれども結婚《けっこん》はしておらず、弟《おとうと》が卑弥呼《ひみこ》を助《たす》けて政治《せいじ》をおこなっていると紹介《しょうかい》されています。身《み》のまわりのことをする女性《じょせい》が、約千人《やくせんにん》も卑弥呼《ひみこ》につかえていたそうです。

卑弥呼《ひみこ》がすんでいた宮殿《きゅうでん》は、やぐらをもち、へいでかこわれた「高殿《たかどの》」という建物《たてもの》でした。まわりには厳重《げんじゅう》なさくがめぐらされており、つねに武器《ぶき》をもった人《ひと》にまもられて、卑弥呼《ひみこ》はだれにもすがたを見《み》せずにくらしていたようです。「魏志倭人伝《ぎしわじんでん》」には、「王《おう》のくらいについてからは、そのすがたを見《み》たものは少《すく》ない」という記述《きじゅつ》があります。

中央左《ちゅうおうひだり》が卑弥呼《ひみこ》の館《やかた》（模型《もけい》）。まわりに警備《けいび》をしている人《ひと》が見《み》える。
（写真提供《しゃしんていきょう》：大阪府立弥生文化博物館《おおさかふりつやよいぶんかはくぶつかん》）

魏《ぎ》の国《くに》との外交《がいこう》

卑弥呼《ひみこ》は、中国《ちゅうごく》（魏《ぎ》）に何回《なんかい》もくらいの高《たか》い使者《ししゃ》をおくり、織物《おりもの》などのみつぎものをしました。卑弥呼《ひみこ》が魏《ぎ》の国《くに》とつきあおうとしたのは、大《おお》きな力《ちから》をもった魏《ぎ》の国《くに》にみとめてもらうことで、日本《にほん》のなかにたくさんあるほかの国《くに》よりも優位《ゆうい》にたとうとしたからです。

卑弥呼《ひみこ》は魏《ぎ》の皇帝《こうてい》の明帝《めいてい》から「親魏倭王《しんぎわおう》」の称号《しょうごう》をもらい、金印《きんいん》やたくさんの銅鏡《どうきょう》、真珠《しんじゅ》などをおくられたと、「魏志倭人伝《ぎしわじんでん》」にかいてあります。魏《ぎ》の皇帝《こうてい》の信頼《しんらい》をえて、魏《ぎ》がうしろだてになってくれたことで、卑弥呼《ひみこ》はほかの国《くに》ぐにに圧力《あつりょく》をかけ、勢力《せいりょく》を強《つよ》めることに成功《せいこう》していきました。

卑弥呼《ひみこ》が魏《ぎ》の皇帝《こうてい》からあたえられたものではないかといわれる銅鏡《どうきょう》。
（「三角縁神獣鏡《さんかくぶちしんじゅうきょう》」　古墳時代《こふんじだい》
島根県立古代出雲歴史博物館所蔵《しまねけんりつこだいいずもれきしはくぶつかんしょぞう》）

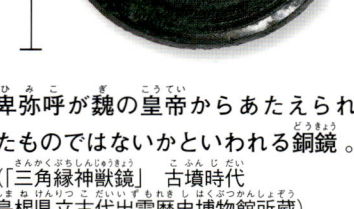

卑《ひ》弥《み》呼《こ》の死《し》

卑《ひ》弥《み》呼《こ》が女王《じょおう》の座《ざ》についても、邪馬《やま》台国《たいこく》のライバルである狗奴国《くなこく》との争《あらそ》いはつづいていました。狗奴国《くなこく》をおさめていたのは、男《おとこ》の王《おう》の卑弥弓呼《ひみくこ》です。二四七年《ねん》には、卑弥呼《ひみこ》は魏《ぎ》へ使者《ししゃ》をおくり、戦《たたか》いのようすを報告《ほうこく》しています。それに対《たい》して、魏《ぎ》の皇帝《こうてい》は、倭《わ》の使者《ししゃ》に黄幢《おうどう》（魏《ぎ》の軍旗《ぐんき》）をさずけたようです。しかし「魏志倭人伝《ぎしわじんでん》」には、狗奴《くな》国《こく》とのいくさの結果《けっか》までは記録《きろく》されていません。そして、その記述《きじゅつ》につづいて、「卑弥呼《ひみこ》が死《し》んだ。大《おお》きな塚《つか》をきずいてほうむった。その直径《ちょっけい》は一〇〇歩《ぶ》（一歩《ぶ》はおよそ一・五メートル）もあった。そばにつかえていた者《もの》一〇〇人《にん》あまりがいっしょにうめられた」とかかれています。ただ、どうしてなくなったのかについては、ふれられていません。

奈良県桜井市《ならけんさくらいし》にある箸墓古墳《はしはかこふん》は全長《ぜんちょう》280メートル。つくられたと考《かんが》えられる年代《ねんだい》から、卑弥呼《ひみこ》の墓《はか》という説《せつ》があった。現在《げんざい》は宮内庁《くないちょう》により、ヤマトトトヒモモソヒメノミコトの墓《はか》として管理《かんり》されている。

卑弥呼《ひみこ》の死《し》後《ご》、邪馬台国《やまたいこく》にはふたたび男《おとこ》の王《おう》がたち、邪馬台国《やまたいこく》が支配《しはい》していた国《くに》ぐにもばらばらになり、戦《たたか》いがはじまりました。この混乱《こんらん》をしずめるために、卑弥《ひみ》呼《こ》の一族《いちぞく》のむすめである十三さいの壱与《いよ》が女王《じょおう》になったところ、国《くに》が安定《あんてい》したといわれています。壱与《いよ》も、使者《ししゃ》を魏《ぎ》の都《みやこ》である洛陽《らくよう》におくり、ヒスイの勾玉《まがたま》や真珠《しんじゅ》、織物《おりもの》などをおくりました。

「魏志倭人伝《ぎしわじんでん》」にでてくる邪馬台国《やまたいこく》にかんする記述《きじゅつ》としては、それが最後《さいご》です。その後《ご》、中国《ちゅうごく》の三国時代《さんごくじだい》が終《お》わり、新《あたら》しく晋《しん》という国《くに》が中国《ちゅうごく》を統一《とういつ》しました。二六六年《ねん》に壱与《いよ》が晋《しん》につかいをおくったとべつの歴史書《れきししょ》にありますが、それから一〇〇年以上《ねんいじょう》、中国《ちゅうごく》の歴《れき》史書《ししょ》に日本《にほん》は登場《とうじょう》しません。

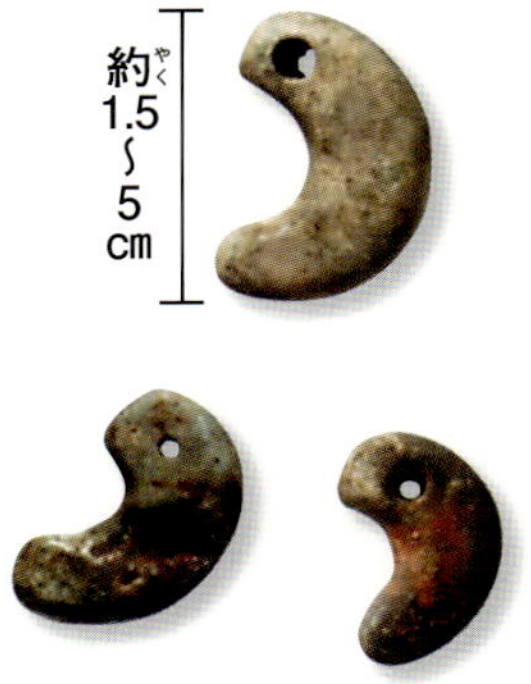

勾玉《まがたま》は縄文時代《じょうもんじだい》から古墳時代《こふんじだい》につくられた日本独特《にほんどくとく》のアクセサリー。
（城陽市歴史民俗資料館所蔵《じょうようしれきしみんぞくしりょうかんしょぞう》）

卑弥呼《ひみこ》が生《い》きた弥生時代《やよいじだい》

卑弥呼《ひみこ》が生《い》きた時代《じだい》には、さまざまな文化《ぶんか》が中国《ちゅうごく》からつたえられました。

米《こめ》づくりがつたわる

縄文時代《じょうもんじだい》の終《お》わりごろ、中国《ちゅうごく》から北《きた》九州《きゅうしゅう》へ渡来《とらい》した人《ひと》びとがいました。それまで日本《にほん》にすんでいた縄文人《じょうもんじん》と、渡来《とらい》した人《ひと》びとが少《すこ》しずつまじりあうことで、のちの日本人《にほんじん》や文化《ぶんか》のもとができました。この時代《じだい》を弥生時代《やよいじだい》といいます。

また、渡来《とらい》した人《ひと》びとは、日本《にほん》に米《こめ》づくりをつたえたといわれています。米《こめ》づくりは一〇〇年《ねん》ほどで西日本《にしにほん》に広《ひろ》がり、さらに二〇〇〜三〇〇年《ねん》後《ご》には東北地方《とうほくちほう》にまでつたわっていきました。米《こめ》づくりをする人《ひと》びとは、木製《もくせい》のすきやくわで水田《すいでん》をたがやしました。そして収穫《しゅうかく》した稲《いね》は、石包丁《いしぼうちょう》や鉄製《てっせい》のかまで穂先《ほさき》をつみとり、よくほして、高床《たかゆか》倉庫《そうこ》にたくわえて

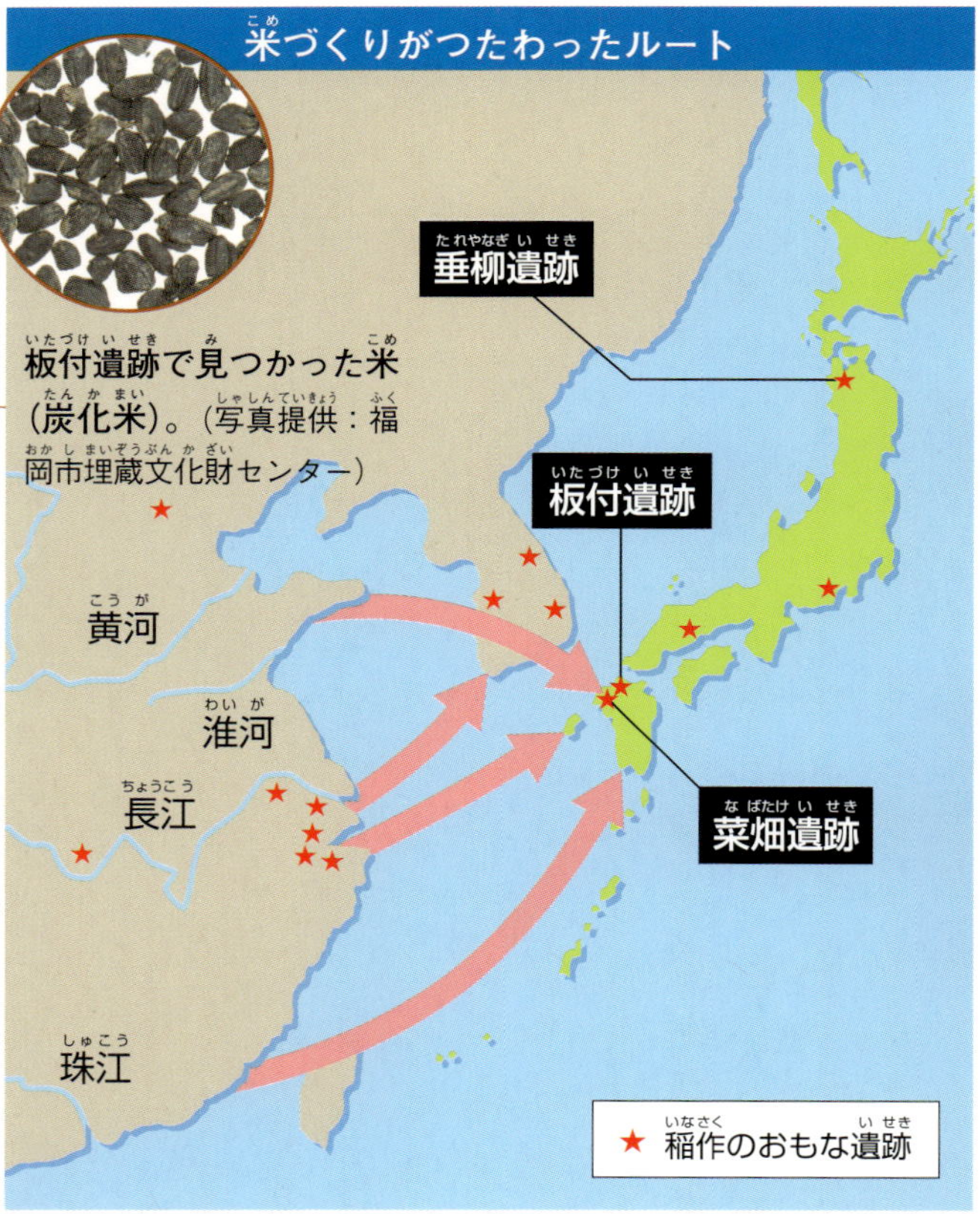

板付遺跡《いたづけいせき》で見《み》つかった米《こめ》（炭化米《たんかまい》）。（写真提供《しゃしんていきょう》：福岡市埋蔵文化財《ふくおかしまいぞうぶんかざい》センター）

弥生時代《やよいじだい》の農耕具《のうこうぐ》。左《ひだり》から、石包丁《いしぼうちょう》、すき、くわ（柄《え》がないもの）。（福岡市埋蔵文化財《ふくおかしまいぞうぶんかざい》センター所蔵《しょぞう》）

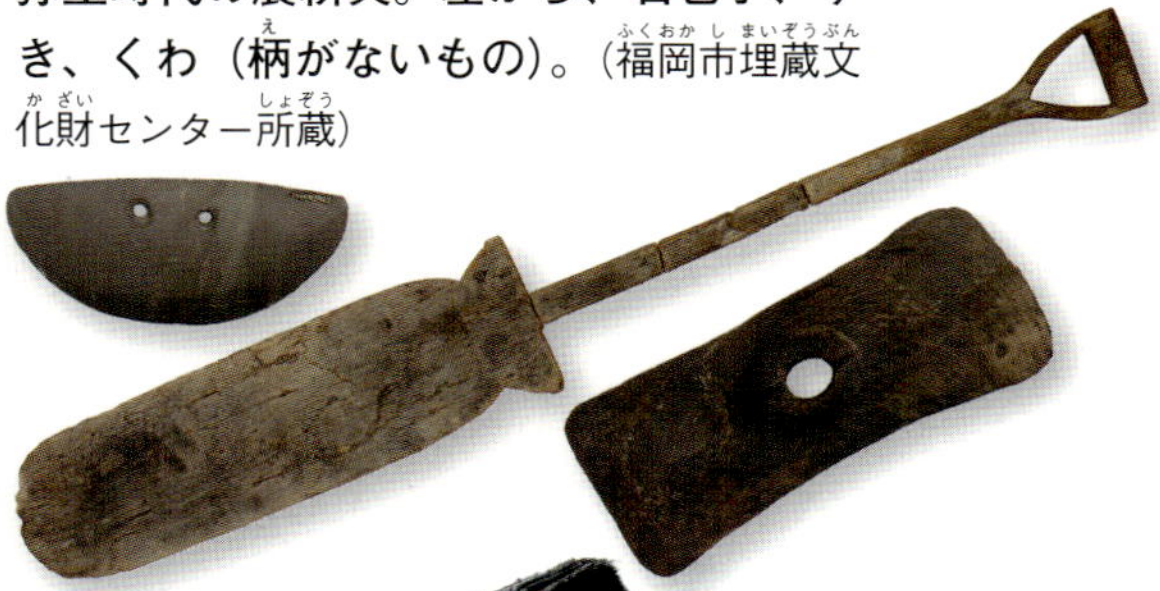

風通《かぜとお》しをよくし、ネズミなどの害《がい》をふせぐために、床《ゆか》を高《たか》くつくった倉庫《そうこ》（高床倉庫《たかゆかそうこ》）に米《こめ》などがたくわえられた。（写真提供《しゃしんていきょう》：静岡市立登呂博物館《しずおかしりつとろはくぶつかん》）

おきました。食《た》べるときにはもみからもみがらをとりさるのですが、その作《さ》業《ぎょう》にはきねとうすをつかっていました。それまでは木《き》の実《み》やけものの肉《にく》をとってくらしていたため、人《ひと》びとは食《た》べものをもとめて移住《いじゅう》する生活《せいかつ》をおくっていました。しかし、米《こめ》づくりによって安定《あんてい》した食料《しょくりょう》をえられるようになり、水田《すいでん》のちかくに定住《ていじゅう》するようになりました。

石器《せっき》から金属器《きんぞくき》へ

中国《ちゅうごく》から米《こめ》づくりといっしょに鉄《てつ》と青銅《せいどう》もつたわりました。弥生時代《やよいじだい》に米《こめ》づくりがさかんになったのは、かたくてじょうぶな鉄《てつ》の道具《どうぐ》があったからだといわれています。また、剣《けん》や矢《や》の先《さき》につける矢《や》じりなどの武器《ぶき》が、大量《たいりょう》につくられるようになったのもこの時代《じだい》です。鉄《てつ》よりも低《ひく》い温度《おんど》でとける青銅《せいどう》は、型《かた》にながしこんでアクセサリーにしたり、豊作《ほうさく》や戦《たたか》いの勝利《しょうり》をねがうためのまつりの道具《どうぐ》としてつかわれるようになりました。また、銅剣《どうけん》や銅矛《どうほこ》など、武器《ぶき》のかたちをした青銅器《せいどうき》もあります。これは、はじめは実際《じっさい》の戦《たたか》いにつかわれるものでした。しかし、そのうち武器《ぶき》はよりじょうぶな鉄《てつ》でつくられるようになっていきました。武器《ぶき》をかたどった青銅器《せいどうき》は、神《かみ》や王《おう》の墓《はか》にささげるためにつくられました。銅鏡《どうきょう》も、実用的《じつようてき》な鏡《かがみ》というよりも、まつりやまじないの力《ちから》をしめすしるしとしてもちいられました。

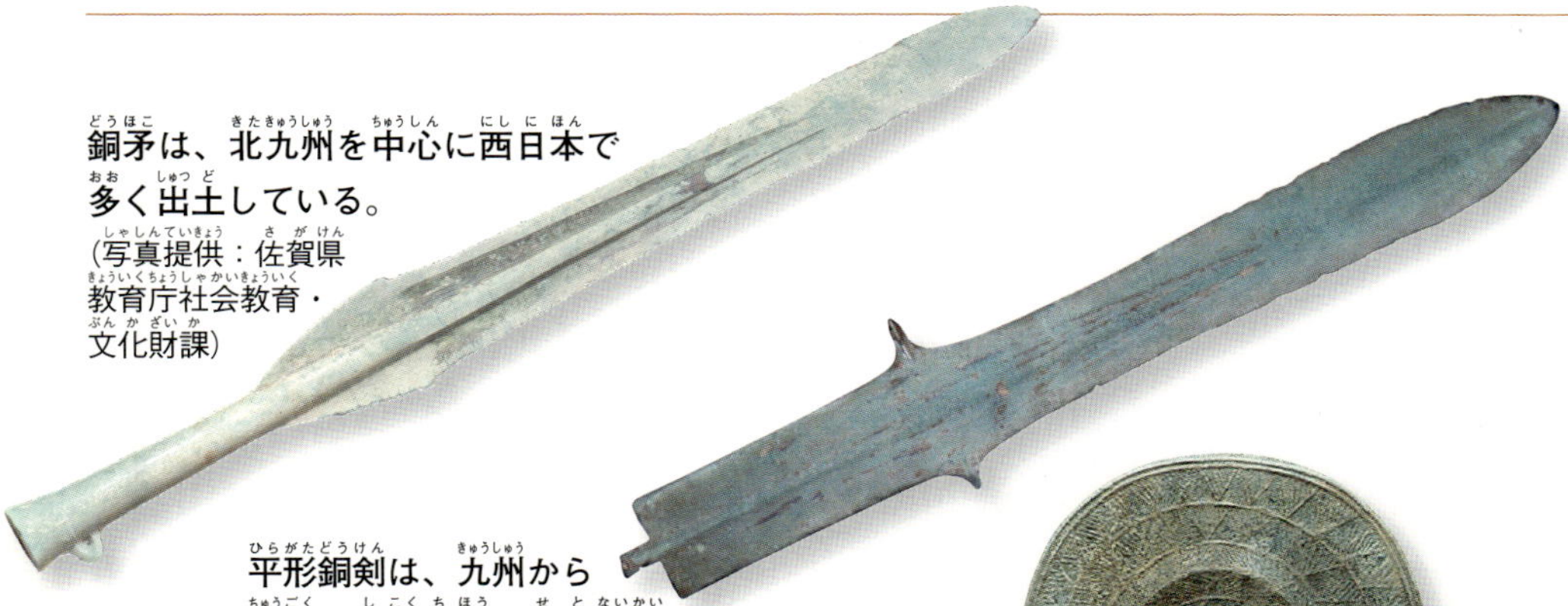

銅矛《どうほこ》は、北九州《きたきゅうしゅう》を中心《ちゅうしん》に西日本《にしにほん》で多《おお》く出土《しゅつど》している。
(写真提供《しゃしんていきょう》：佐賀県《さがけん》教育庁社会教育《きょういくちょうしゃかいきょういく》・文化財課《ぶんかざいか》)

平形銅剣《ひらがたどうけん》は、九州《きゅうしゅう》から中国《ちゅうごく》・四国地方《しこくちほう》の瀬戸内海《せとないかい》沿岸地域《えんがんちいき》でよく発見《はっけん》される。
(広島県立歴史博物館所蔵《ひろしまけんりつれきしはくぶつかんしょぞう》)

銅鐸《どうたく》は、はじめは鐘《かね》のようにならす目的《もくてき》でつかわれていたようだ。しかし、のちにだんだんと大《おお》きくなり、まつりの道具《どうぐ》としておかれるものになっていったと考《かんが》えられている。大《おお》きなものでは１メートルをこえるものもある。右《みぎ》の写真《しゃしん》のものは高《たか》さ約《やく》45センチメートル。

銅鐸《どうたく》は近畿地方《きんきちほう》で発見《はっけん》されることが多《おお》い。銅鐸《どうたく》の表面《ひょうめん》にはもようがつけられており、写真《しゃしん》のように帯《おび》が交差《こうさ》しているものは「けさだすき紋《もん》」とよばれる。
(桜井市埋蔵文化財《さくらいしまいぞうぶんかざい》センター所蔵《しょぞう》)

吉野《よしの》ヶ里《がり》遺跡《いせき》の環濠集落《かんごうしゅうらく》。
(写真提供《しゃしんていきょう》：佐賀県教育庁社会教育《さがけんきょういくちょうしゃかいきょういく》・文化財課《ぶんかざいか》)

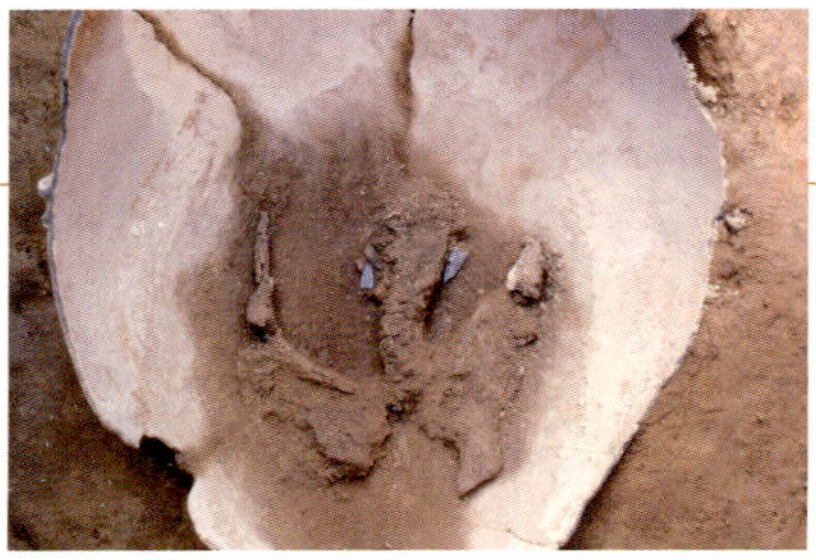
吉野《よしの》ヶ里《がり》遺跡《いせき》から出土《しゅつど》した、矢《や》じりがささったままの人骨《じんこつ》。
(写真提供《しゃしんていきょう》：佐賀県教育庁社会教育《さがけんきょういくちょうしゃかいきょういく》・文化財課《ぶんかざいか》)

戦《たたか》いがつづいた時代《じだい》

米《こめ》づくりが広《ひろ》がっていくと、必要《ひつよう》な水《みず》や土地《とち》をめぐる争《あらそ》いや、石器《せっき》や鉄《てつ》などの資源《しげん》をめぐる争《あらそ》いがはじまりました。敵《てき》の攻撃《こうげき》から集落《しゅうらく》をまもるために周囲《しゅうい》をほりでかこんだ環濠集落《かんごうしゅうらく》が見《み》られるようになるのは、この時代《じだい》の特徴《とくちょう》です。佐賀県吉野《さがけんよしの》ヶ里遺跡《がりいせき》の環濠《かんごう》(ほり)は、最大《さいだい》で幅《はば》が六・五メートル、深《ふか》さが三・五メートルのV《ブイ》字型《じがた》で、距離《きょり》が二・五キロメートルもあります。また、敵《てき》がくるのを見《み》はるために高《たか》いやぐらもつくられていました。このような設《せっ》備《び》を整《ととの》えた環濠集落《かんごうしゅうらく》は、日本各地《にほんかくち》で見《み》つかっています。人《ひと》びとは、争《あらそ》いに勝《か》って土地《とち》を手《て》にいれることで、いままで以上《いじょう》に収穫物《しゅうかくぶつ》がふえ、ゆたかなくらしができることを知《し》りました。そこで、戦《たたか》いに勝《か》つために、武器《ぶき》をくふうしたり、とりでをきずいたりしました。戦《たたか》いをくりかえしたようすは、おれた剣《けん》の先《さき》や矢《や》じりがささったままの人骨《じんこつ》などが発見《はっけん》されたことからもうかがえます。やがて、小《ちい》さい国《くに》がまとまって大《おお》きな国《くに》をつくるようになっていきました。

弥生時代《やよいじだい》のくらし

弥生時代《やよいじだい》の人《ひと》たちは、「たて穴住居《あなじゅうきょ》」とよばれる家《いえ》にすんでいました。これは、地面《じめん》に穴《あな》をほり、柱《はしら》をたて、その上《うえ》にカヤという植物《しょくぶつ》などで屋根《やね》をかけた建物《たてもの》です。広《ひろ》さは畳《たたみ》十二枚《まい》ぐらいで、かんたんなつくりになっています。ほりさげた床《ゆか》のまんなかに炉《ろ》をつくり、ここで料理《りょうり》をしたり、暖《だん》をとったりしました。縄目《なわめ》のもようをつけた縄文土《じょうもんど》器《き》にかわり、豆《まめ》・米《こめ》の保存《ほぞん》や、火《ひ》にかける料理《りょうり》に適《てき》した弥生土器《やよいどき》がつくられるようになっていきました。

また、中国《ちゅうごく》から布《ぬの》を織《お》る技術《ぎじゅつ》もつたわり、布《ぬの》の服《ふく》がつくられるようになりました。庶民《しょみん》の衣服《いふく》は一枚《まい》の布《ぬの》(素材《そざい》はおもに麻《あさ》)に頭《あたま》をとおす穴《あな》をあけ、両脇《りょうわき》の部分《ぶぶん》をぬいあわせた貫頭衣《かんとうい》とよばれるものでした。いっぽう、身分《みぶん》の高《たか》い人《ひと》は、何枚《なんまい》もの布《ぬの》をぬいあわせた袖《そで》のある服《ふく》を着《き》ていました。弥生時代《やよいじだい》中期《ちゅうき》になると、カイコをかって絹糸《きぬいと》をとり、絹織物《きぬおりもの》をつくるようになりました。卑弥呼《ひみこ》のような支配階級《しはいかいきゅう》の人《ひと》たちは、絹《きぬ》でつくった衣服《いふく》を着《き》ていたといわれています。

弥生時代《やよいじだい》の米《こめ》づくりのようす（復元模型《ふくげんもけい》、上《うえ》は春《はる》・下《した》は秋《あき》のもの）。
(写真提供《しゃしんていきょう》：大阪府立弥生文化博物館《おおさかふりつやよいぶんかはくぶつかん》)

たて穴住居《あなじゅうきょ》のくらし（想像復元模型《そうぞうふくげんもけい》）。
(写真提供《しゃしんていきょう》：大阪府立弥生文化博物館《おおさかふりつやよいぶんかはくぶつかん》)

豆《まめ》ちしき

邪馬台国《やまたいこく》はどこにあったのか？

「魏志倭人伝《ぎしわじんでん》」には、邪馬台国《やまたいこく》までの道《みち》すじがしるされています。しかし、船《ふね》で一日《にち》、歩《ある》いて一日《にち》などとしるされているのが、いったいどのくらいの距離《きょり》なのかということがはっきりしていません。研究者《けんきゅうしゃ》によってさまざまな意見《いけん》や疑《ぎ》問《もん》があり、いまのところ、まだ結論《けつろん》がでていないのです。

邪馬台国《やまたいこく》の場所《ばしょ》として現在有力《げんざいゆうりょく》な説《せつ》は、北九州《きたきゅうしゅう》にあったとする九州説《きゅうしゅうせつ》と、近畿地方《きんきちほう》の大和《やまと》（奈良県《ならけん》）にあったとする畿内説《きないせつ》です。また、それぞれの説《せつ》のなかでも、どの道《みち》すじを通《とお》ったか、どこにどの国《くに》があったかなど、意見《いけん》はわかれています。

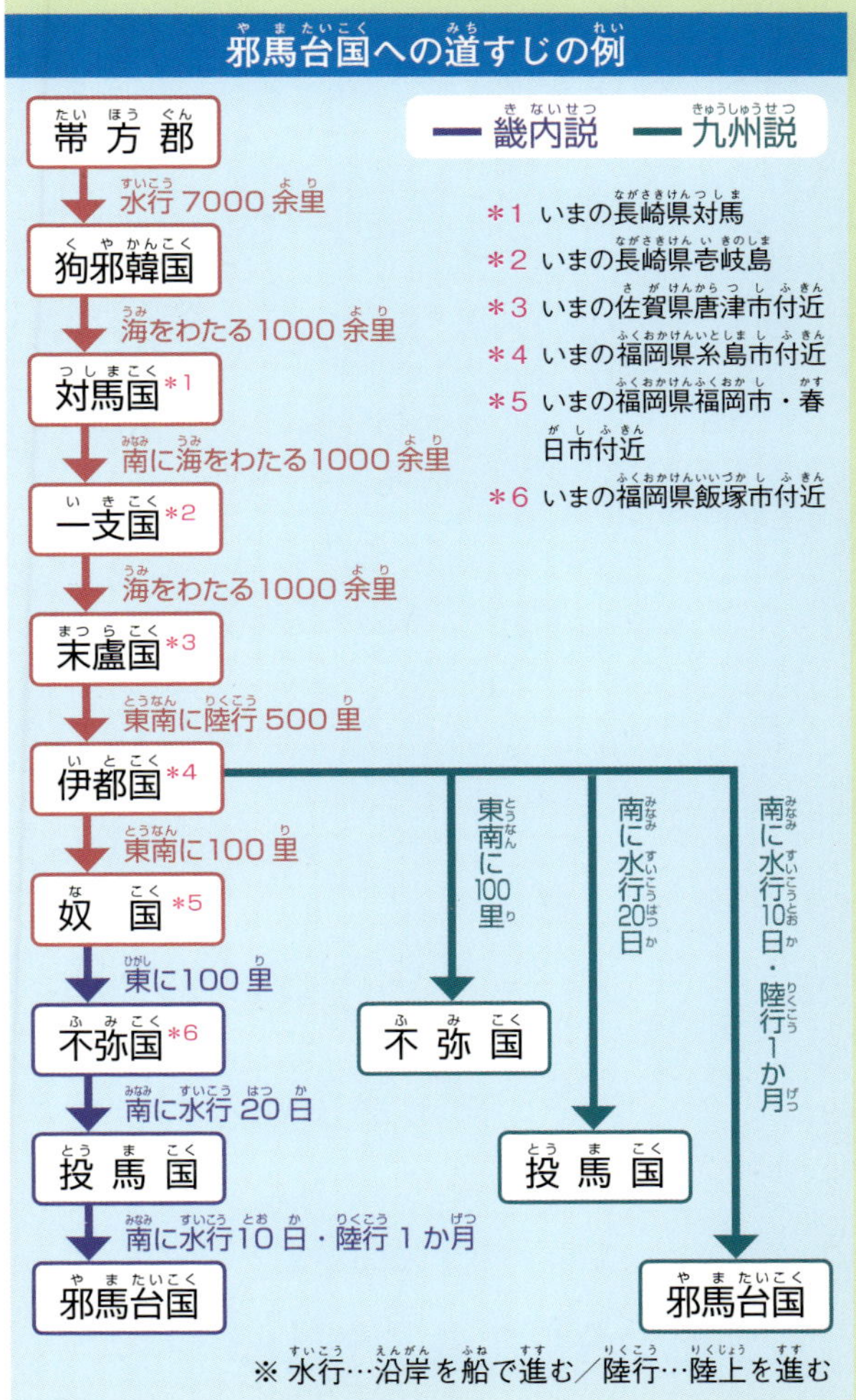

もっと知《し》りたい！卑弥呼《ひみこ》

卑弥呼《ひみこ》ゆかりの場所《ばしょ》、弥生時代《やよいじだい》のことがわかる博物館《はくぶつかん》、卑弥呼《ひみこ》についてかかれた本《ほん》などを紹介《しょうかい》します。

資料館《しりょうかん》博物館《はくぶつかん》　史跡《しせき》遺跡《いせき》　卑弥呼《ひみこ》についてかかれた本《ほん》

大阪府立弥生文化博物館《おおさかふりつやよいぶんかはくぶつかん》

米《こめ》づくりがはじまり、鉄《てつ》や青銅《せいどう》の道具《どうぐ》や武器《ぶき》があらわれた弥生時代《やよいじだい》。遺跡《いせき》からの出土品《しゅつどひん》、模型《もけい》やレプリカ、映像資料《えいぞうしりょう》などがそろっており、楽《たの》しみながら弥生文化《やよいぶんか》を学《まな》べる。

〒594-0083
大阪府和泉市池上町《おおさかふいずみしいけがみちょう》4-8-27
☎0725-46-2162
http://www.kanku-city.or.jp/yayoi/

地元《じもと》の遺跡《いせき》だけではなく、弥生文化全般《やよいぶんかぜんぱん》を知《し》ることのできる、全国《ぜんこく》で唯一《ゆいいつ》の博物館《はくぶつかん》。

吉野《よしの》ヶ里歴史公園《がりれきしこうえん》

敷地内《しきちない》に、日本最大級《にほんさいだいきゅう》の環濠集落《かんごうしゅうらく》の吉《よし》野《の》ヶ里遺跡《がりいせき》がある公園《こうえん》。環濠集落《かんごうしゅうらく》ゾーンには住居《じゅうきょ》、集会所《しゅうかいじょ》、祭殿《さいでん》などが復元《ふくげん》されており、弥生時代《やよいじだい》のくらしを体感《たいかん》することができる。佐賀県教育委員会運営《さがけんきょういくいいんかいうんえい》の展示室《てんじしつ》には、遺跡《いせき》で発見《はっけん》された資料《しりょう》を展示《てんじ》してある。

〒842-0035
佐賀県神埼郡吉野《さがけんかんざきぐんよしの》ヶ里町田手《がりちょうたて》1843
☎0952-55-9333
http://www.yoshinogari.jp/

広大《こうだい》な敷地《しきち》に弥生時代《やよいじだい》のムラが再現《さいげん》されている。

伊都国歴史博物館《いとこくれきしはくぶつかん》

伊都国《いとこく》があったとされる糸島地域《いとしまちいき》の文化財《ぶんかざい》を展示《てんじ》。

邪馬台国《やまたいこく》の時代《じだい》に存在《そんざい》した小国家《しょうこっか》で、邪馬台国《やまたいこく》の北方監視《ほっぽうかんし》や魏《ぎ》（中国《ちゅうごく》）からの使者《ししゃ》をうけいれる窓口《まどぐち》の役割《やくわり》をになっていた伊都国《いとこく》の博物館《はくぶつかん》。弥生時代後期《やよいじだいこうき》と考《かんが》えられる平原遺跡《ひらばるいせき》からの出土品《しゅつどひん》が多《おお》く展示《てんじ》されている。

〒819-1582
福岡県糸島市井原《ふくおかけんいとしましいわら》916
☎092-322-7083

登呂公園《とろこうえん》

弥生時代後期《やよいじだいこうき》のムラの遺跡内《いせきない》に、水田《すいでん》あとやたて穴《あな》住居《じゅうきょ》が復元《ふくげん》されている。

敷地内《しきちない》の博物館《はくぶつかん》には、貴重《きちょう》な出土品《しゅつどひん》が展示《てんじ》されている。

〒422-8033
静岡県静岡市駿河区登呂《しずおかけんしずおかしするがくとろ》5-10-5
☎054-285-0476

復元《ふくげん》された住居《じゅうきょ》や倉庫《そうこ》は、内部《ないぶ》も見学《けんがく》できるようになっている。

『NHKにんげん日本史《にほんし》　卑弥呼《ひみこ》　なぞの国《くに》、なぞの女王《じょおう》』

監修《かんしゅう》／酒寄雅志《さかよりまさし》　著《ちょ》／小西聖一《こにしせいいち》
理論社《りろんしゃ》　2004年《ねん》

なぞの女王《じょおう》、邪馬台国《やまたいこく》の卑弥呼《ひみこ》の一生《いっしょう》が紹介《しょうかい》されている。

さくいん・用語解説《ようごかいせつ》

石包丁《いしぼうちょう》 …… 26
▼半月型《はんげつがた》などのうすい板状《いたじょう》に加工《かこう》した石器《せっき》。稲《いね》の収穫《しゅうかく》のときに、稲穂《いなほ》の部分《ぶぶん》をきりとるためにもちいられたと考《かんが》えられている。

壱与《いよ》 …… 25

環濠集落《かんごうしゅうらく》 …… 28

貫頭衣《かんとうい》 …… 28

魏《ぎ》 …… 22、24、25

魏志倭人伝《ぎしわじんでん》 …… 22、23、24、25、29
▼『三国志《さんごくし》』のうち、「魏書《ぎしょ》」の東夷伝《とういでん》（中国《ちゅうごく》の東側《ひがしがわ》にすんでいる民族《みんぞく》についての記述《きじゅつ》）で倭人《わじん》についてかかれた部分《ぶぶん》。三世紀《せいき》ごろの日本《にほん》にあった国《くに》や人《ひと》びとのくらしなどについて知《し》ることができる文献《ぶんけん》。

鬼道《きどう》 …… 24

畿内説《きないせつ》 …… 29
▼邪馬台国《やまたいこく》が近畿地方《きんきちほう》にあったとする説《せつ》。近年《きんねん》、卑弥呼《ひみこ》とおなじ時代《じだい》の建物《たてもの》あとが見《み》つかるなどした奈良県桜井市《ならけんさくらいし》にある纏向遺跡《まきむくいせき》を、邪馬台国《やまたいこく》の都《みやこ》とする説《せつ》が有力《ゆうりょく》とされている。

九州説《きゅうしゅうせつ》 …… 29
▼邪馬台国《やまたいこく》が九州《きゅうしゅう》にあったとする説《せつ》。「魏志倭人伝《ぎしわじんでん》」の記述《きじゅつ》を、伊都国《いとこく》を中心《しん》にかかれたものと解釈《かいしゃく》している。邪馬台国《やまたいこく》の位置《いち》については、九州《きゅうしゅう》のなかでも、福岡県《ふくおかけん》、大分県《おおいたけん》、熊本県《くまもとけん》、鹿児島県《かごしまけん》など、研究者《けんきゅうしゃ》によってさまざまな説《せつ》が立《た》てられている。

金印《きんいん》 …… 24

狗奴国《くなこく》 …… 25

三国志《さんごくし》 …… 22
▼中国《ちゅうごく》の三国時代《さんごくじだい》をあつかう書物《しょもつ》として、公式《こうしき》の歴史書《れきししょ》とみとめられている。その内容《ないよう》によって、魏書《ぎしょ》・蜀書《しょくしょ》・呉書《ごしょ》の三つに大《おお》きくわけられる。

青銅器《せいどうき》 …… 27

高殿《たかどの》 …… 24

高床倉庫《たかゆかそうこ》 …… 26

たて穴住居《あなじゅうきょ》 …… 28、29

陳寿《ちんじゅ》 …… 22
▼中国《ちゅうごく》の三国時代《さんごくじだい》の蜀《しょく》と、その後《ご》に中国《ちゅうごく》を統一《とういつ》した晋《しん》につかえた役人《やくにん》。『三国志《さんごくし》』を編集《へんしゅう》した。

銅鏡《どうきょう》 …… 24、27

箸墓古墳《はしはかこふん》 …… 25

卑弥弓呼《ひみくこ》 …… 25

太占《ふとまに》 …… 23

勾玉《まがたま》 …… 25

邪馬台国《やまたいこく》 …… 23、25

弥生時代《やよいじだい》 …… 26

弥生土器《やよいどき》 …… 28

吉野ヶ里遺跡《よしのがりいせき》 …… 28

洛陽《らくよう》 …… 25
▼中国《ちゅうごく》・河南省《かなんしょう》にある都市《とし》。魏《ぎ》のほかにも、中国《ちゅうごく》の王朝《おうちょう》の都《みやこ》がおかれることが多《おお》くあり、政治《せいじ》や経済《けいざい》の中心地《ちゅうしんち》としてさかえた。

倭《わ》 …… 22、23

■監修

山岸　良二（やまぎし　りょうじ）

1951年東京都生まれ。慶應義塾大学大学院修士課程修了。東邦大学付属東邦中高等学校教諭、習志野市文化財審議会会長。専門は日本考古学。著書に『科学はこうして古代を解き明かす』（河出書房新社）、『原始・古代日本の集落』（同成社）、『古代史の謎はどこまで解けたのか』（PHP研究所）、『最新発掘古代史30の真相』（新人物往来社）など多数ある。

■文（2～21ページ）

西本　鶏介（にしもと　けいすけ）

1934年奈良県生まれ。評論家・民話研究家・童話作家として幅広く活躍する。昭和女子大学名誉教授。各ジャンルにわたって著書は多いが、伝記に『心を育てる偉人のお話』全3巻、『徳川家康』、『武田信玄』、『源義経』、『独眼竜政宗』（ポプラ社）、『大石内蔵助』、『宮沢賢治』、『夏目漱石』、『石川啄木』（講談社）などがある。

■絵

宮嶋　友美（みやじま　ともみ）

1975年生まれ、2児の母。イラストレーター、挿絵画家、絵本作家。著書に『あかどん あおどん きいどん』、『みかづきいけのカッパ』、『そばだんご』、『つぶときつねのはしりっこ』（アスラン書房）などがある。広告なども手がけている。

■主な参考図書

『教科書の絵と写真で見る　日本の歴史資料集　旧石器時代～古墳時代 1』
監修／宮原武夫　編／古舘明廣　岩崎書店　2002年
『ジュニアワイド版　日本の歴史 1　日本のはじまり』
監修／児玉幸多・木村尚三郎　集英社　1990年
『人物なぞとき日本の歴史 1　縄文～奈良時代』
監修／高野尚好　小峰書店　2008年

企画・編集　こどもくらぶ
装丁・デザイン　長江　知子
DTP　株式会社エヌ・アンド・エス企画

よんで しらべて 時代がわかる　ミネルヴァ日本歴史人物伝
卑弥呼
――邪馬台国をおさめた女王――

2011年11月20日　初版第1刷発行　検印廃止

定価はカバーに
表示しています

監修者　山岸良二
文　西本鶏介
絵　宮嶋友美
発行者　杉田啓三
印刷者　金子眞吾

発行所　株式会社 ミネルヴァ書房
607-8494　京都市山科区日ノ岡堤谷町1
電話 075-581-5191／振替 01020-0-8076

印刷・製本　凸版印刷株式会社

ISBN978-4-623-06185-3
NDC281/32P/27cm
Printed in Japan

よんでしらべて 時代がわかる
ミネルヴァ 日本歴史人物伝

卑《ひ》弥《み》呼《こ》
監修 山岸良二　文 西本鶏介　絵 宮嶋友美

聖《しょう》徳《とく》太《たい》子《し》
監修 山岸良二　文 西本鶏介　絵 たごもりのりこ

中《なかの》大《おお》兄《えの》皇《おう》子《じ》
監修 山岸良二　文 西本鶏介　絵 山中桃子

聖《しょう》武《む》天《てん》皇《のう》
監修 山岸良二　文 西本鶏介　絵 きむらゆういち

紫《むらさき》式《しき》部《ぶ》
監修 朧谷寿　文 西本鶏介　絵 青山友美

平《たいらの》清《きよ》盛《もり》
監修 木村茂光　文 西本鶏介　絵 きむらゆういち

源《みなもとの》頼《より》朝《とも》
監修 木村茂光　文 西本鶏介　絵 野村たかあき

足《あし》利《かが》義《よし》満《みつ》
監修 木村茂光　文 西本鶏介　絵 宮嶋友美

雪《せっ》舟《しゅう》
監修 木村茂光　文 西本鶏介　絵 広瀬克也

織《お》田《だ》信《のぶ》長《なが》
監修 小和田哲男　文 西本鶏介　絵 広瀬克也

豊《とよ》臣《とみ》秀《ひで》吉《よし》
監修 小和田哲男　文 西本鶏介　絵 青山邦彦

徳《とく》川《がわ》家《いえ》康《やす》
監修 大石学　文 西本鶏介　絵 宮嶋友美

春《かす》日《がの》局《つぼね》
監修 大石学　文 西本鶏介　絵 狩野富貴子

杉《すぎ》田《た》玄《げん》白《ぱく》
監修 大石学　文 西本鶏介　絵 青山邦彦

伊《い》能《のう》忠《ただ》敬《たか》
監修 大石学　文 西本鶏介　絵 青山邦彦

歌《うた》川《がわ》広《ひろ》重《しげ》
監修 大石学　文 西本鶏介　絵 野村たかあき

坂《さか》本《もと》龍《りょう》馬《ま》
監修 大石学　文 西本鶏介　絵 野村たかあき

西《さい》郷《ごう》隆《たか》盛《もり》
監修 大石学　文 西本鶏介　絵 野村たかあき

福《ふく》沢《ざわ》諭《ゆ》吉《きち》
監修 安田常雄　文 西本鶏介　絵 たごもりのりこ

伊《い》藤《とう》博《ひろ》文《ぶみ》
監修 安田常雄　文 西本鶏介　絵 おくやまひでとし

板《いた》垣《がき》退《たい》助《すけ》
監修 安田常雄　文 西本鶏介　絵 青山邦彦

与《よ》謝《さ》野《の》晶《あき》子《こ》
監修 安田常雄　文 西本鶏介　絵 宮嶋友美

野《の》口《ぐち》英《ひで》世《よ》
監修 安田常雄　文 西本鶏介　絵 たごもりのりこ

宮《みや》沢《ざわ》賢《けん》治《じ》
文 西本鶏介　絵 黒井健

27cm　32ページ　NDC281　オールカラー
小学校低学年～中学生向き

日《に》本《ほん》の歴《れき》史《し》年《ねん》表《ぴょう》

時《じ》代《だい》	年《ねん》	できごと	このシリーズに出《で》てくる人物《じんぶつ》
旧《きゅう》石《せっ》器《き》時《じ》代《だい》	四〇〇万年前《まんねんまえ》～	採集《さいしゅう》や狩《か》りによって生活《せいかつ》する	
縄《じょう》文《もん》時《じ》代《だい》	一三〇〇〇年前《ねんまえ》～	縄文土器《じょうもんどき》がつくられる	
弥《や》生《よい》時《じ》代《だい》	前《ぜん》四〇〇年《ねん》ごろ～	稲作《いなさく》、金属器《きんぞくき》の使用《しよう》がさかんになる	
		小《ちい》さな国《くに》があちこちにできはじめる	卑弥呼《ひみこ》
古《こ》墳《ふん》時《じ》代《だい》	二五〇年ごろ～	大和朝廷《やまとちょうてい》の国土統一《こくどとういつ》が進《すす》む	
飛鳥時代《あすかじだい》	五九三	聖徳太子《しょうとくたいし》が摂政《せっしょう》となる	聖徳太子《しょうとくたいし》
	六〇七	小野妹子《おののいもこ》を隋《ずい》におくる	
	六四五	大化《たいか》の改新《かいしん》	中大兄皇子《なかのおおえのおうじ》
	七〇一	大宝律令《たいほうりつりょう》ができる	
奈《な》良《ら》時《じ》代《だい》	七一〇	都《みやこ》を奈良《なら》（平城京《へいじょうきょう》）にうつす	
	七五二	東大寺《とうだいじ》の大仏《だいぶつ》ができる	聖武天皇《しょうむてんのう》
平《へい》安《あん》時《じ》代《だい》	七九四	都《みやこ》を京都《きょうと》（平安京《へいあんきょう》）にうつす	
		藤原氏《ふじわらし》がさかえる	
		『源氏物語《げんじものがたり》』ができる	紫式部《むらさきしきぶ》
	一一六七	平清盛《たいらのきよもり》が太政大臣《だいじょうだいじん》となる	平清盛《たいらのきよもり》
	一一八五	源氏《げんじ》が平氏《へいし》をほろぼす	
鎌《かま》倉《くら》時《じ》代《だい》	一一九二	源頼朝《みなもとのよりとも》が征夷大将軍《せいいたいしょうぐん》となる	源頼朝《みなもとのよりとも》
	一二七四	元《げん》がせめてくる	
	一二八一	元がふたたびせめてくる	
	一三三三	鎌倉幕府《かまくらばくふ》がほろびる	
南北朝《なんぼくちょう》時代《じだい》	一三三六	朝廷《ちょうてい》が南朝《なんちょう》と北朝《ほくちょう》にわかれ対立《たいりつ》する	
	一三三八	足利尊氏《あしかがたかうじ》が征夷大将軍《せいいたいしょうぐん》となる	
	一三九二	南朝《なんちょう》と北朝《ほくちょう》がひとつになる	足利義満《あしかがよしみつ》